BEI GRIN MACHT SICH IH... WISSEN BEZAHLT

- Wir veröffentlichen Ihre Hausarbeit,
  Bachelor- und Masterarbeit

- Ihr eigenes eBook und Buch -
  weltweit in allen wichtigen Shops

- Verdienen Sie an jedem Verkauf

Jetzt bei www.GRIN.com hochladen und kostenlos publizieren

Bibliografische Information der Deutschen Nationalbibliothek:

Die Deutsche Bibliothek verzeichnet diese Publikation in der Deutschen National-
bibliografie; detaillierte bibliografische Daten sind im Internet über http://dnb.d-
nb.de/ abrufbar.

Dieses Werk sowie alle darin enthaltenen einzelnen Beiträge und Abbildungen
sind urheberrechtlich geschützt. Jede Verwertung, die nicht ausdrücklich vom
Urheberrechtsschutz zugelassen ist, bedarf der vorherigen Zustimmung des Verla-
ges. Das gilt insbesondere für Vervielfältigungen, Bearbeitungen, Übersetzungen,
Mikroverfilmungen, Auswertungen durch Datenbanken und für die Einspeicherung
und Verarbeitung in elektronische Systeme. Alle Rechte, auch die des auszugsweisen
Nachdrucks, der fotomechanischen Wiedergabe (einschließlich Mikrokopie) sowie
der Auswertung durch Datenbanken oder ähnliche Einrichtungen, vorbehalten.

Impressum:

Copyright © 2018 GRIN Verlag
Druck und Bindung: Books on Demand GmbH, Norderstedt Germany
ISBN: 9783668845084

Dieses Buch bei GRIN:

https://www.grin.com/document/451314

Oliver Lorenz

Blockchain. Funktionsweise und Herausforderung

GRIN Verlag

GRIN - Your knowledge has value

Der GRIN Verlag publiziert seit 1998 wissenschaftliche Arbeiten von Studenten, Hochschullehrern und anderen Akademikern als eBook und gedrucktes Buch. Die Verlagswebsite www.grin.com ist die ideale Plattform zur Veröffentlichung von Hausarbeiten, Abschlussarbeiten, wissenschaftlichen Aufsätzen, Dissertationen und Fachbüchern.

Besuchen Sie uns im Internet:

http://www.grin.com/

http://www.facebook.com/grincom

http://www.twitter.com/grin_com

Semesterarbeit

Thema:

Blockchain
Funktionsweise und Herausforderung

im Fachgebiet Wirtschaftsinformatik

Inhaltsverzeichnis

Abbildungsverzeichnis

Abkürzungsverzeichnis

BTC Bitcoin

bzw. Beziehungsweise

EZB Europäische Zentralbank

Hrsg. Herausgeber

Jg. Jahrgang

Mio. Millionen

Mrd. Milliarden

o.J. ohne Jahresangabe

o.Nr. ohne Nummerierung

o.S. ohne Seitenangabe

o.V. ohne Verfasser

S. Seite

USC United Settlement Coin

USD US-Dollar

veröff. veröffentlicht

Vgl. Vergleich

z.B. zum Beispiel

1 Einleitung

Die Bearbeitung meiner praktischen Arbeit betrachtet die Thematik der Blockchain sowie die Funktionsweise und Herausforderungen.

Obwohl die Blockchain schon 2008 veröffentlicht wurde, fand das große Interesse der Öffentlichkeit und der Medien erst im Jahre 2017 statt. Grund dafür war der extreme Kursanstieg der Blockchain basierten Kryptowährung Bitcoin. Dadurch rückte auch die zugrundeliegende Technik, welche die Blockchain darlegt, in den Vordergrund. Das Thema Blockchain ist allerdings sehr umfangreich und benötigt sehr viel Hintergrundwissen um diese neue Technologie zu verstehen. Da die Blockchain jeden Bereich nachhaltig betreffen kann, ist es von großer Bedeutung zu verstehen, wie diese funktioniert. Warum diese effizienter wie die heutige Technologie ist und ob die Technologie wirklich in jedem Bereich Anwendung finden kann. Da die Blockchain-Technologie noch immer am Anfang steht, müssen einige Herausforderungen noch angegangen werden, um diese neue Technologie bedenkenlos nutzen zu können.

Aus diesem Grund ist diese praktische Arbeit so aufgebaut, dass die Blockchain von Grunde auf erklärt wird und zusammenhängende Themen, welche zum Verständnis benötigt werden, in der Ausarbeitung berücksichtigt sind. So wird Abschnitt für Abschnitt neues Wissen gelernt, welches zum Gesamtverständnis benötigt wird. Hierbei wird das jeweilige Thema nicht zu tief beschrieben, da hierfür mehr technischer Hintergrund benötigt wird. Erst wird das Verständnis für die Funktionsweise der Blockchain geschaffen, um anschließend zu verstehen welche Herausforderungen es gibt. Mit verständlichen Anwendungsmöglichkeiten soll zudem der transparente Bezug zur Technologie geschaffen werden.

2 Eigenschaften der Blockchain

Eine Blockchain ist ein unveränderbares Datenregister, welches dezentral gehalten wird und somit auf alle Knoten im Netzwerk verteilt wird. Sie besteht aus einer stetig wachsenden Liste von Transaktionsdatensätzen, die in chronologischer Reihenfolge unveränderbar, nachvollziehbar gespeichert und miteinander verkettet werden. Dadurch ist der Begriff „Blockchain" entstanden, welcher nichts anderes wie „Blockkette" bedeutet. Durch eine Kombination aus kryptografischen Funktionen, verteilten Netzwerken und komplexen technischen Mechanismen erlaubt die Blockchain eine Transaktionsabsicherung, ohne dabei auf eine vertrauenswürdige dritte Instanz, wie den Intermediär, zurückgreifen zu müssen. Die Daten der Transaktion werden anonym versendet und in der Blockchain unveränderbar und für jeden einsehbar abgelegt.

2.1 Herkunft

Entwickelt wurde das technische Modell der Blockchain von einem Pseudonym Namens Satoshi Nakamoto, dies wurde als Grundlage der Kryptowährung Bitcoin entwickelt. Die Blockchain sollte das dezentrale Buchhaltungssystem, für alle Bitcoin-Transaktionen werden.

Erstmals wurde die Blockchain im Zusammenhang mit dem Bitcoin-Zahlungssystem 2008 als Dokument beschrieben. Im Jahr 2009 wurde Bitcoin sowie die Open-Source-Software zur Blockchain veröffentlicht.

2.2 Ablauf Datenerfassung

In der heutigen Zeit findet der Datenaustausch meist über ein verworrenes Netzwerk statt. Diese haben meist eine schlechte Kommunikation und Datenlecks. Dies führt dazu, dass dieses System ineffizient, langsam, teuer, nicht transparent und dadurch anfällig für Betrug ist.

Die Abbildung verdeutlicht, dass keine klaren Datenströme vorhanden sind. Wenn Teilnehmer A etwas an Teilnehmer C verkauft, wird der Datenfluss unübersichtlich über verschiedene Stellen geleitet, da in diesem System jeder an der Transaktion beteiligt ist. Die jeweiligen Daten werden somit auch von jedem Teilnehmer benötigt.

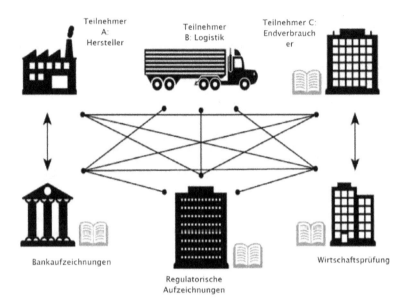

Abbildung 1: Verworrenes Netzwerk [1]

Ein Lösungsansatz wäre ein zentralisiertes Client-Server-Modell. Hierbei ist klar geregelt, dass alles über eine zentrale Stelle läuft, den Intermediär. Dieser benötigt allerdings das komplette Vertrauen aller Netzwerkteilnehmer, da über diesen alle Daten ausgetauscht werden und diese für den Intermediär auch einsehbar sind.

---

[1]Quelle:https://research.stlouisfed.org/publications/review/2018/02/13/blockchai n-what-it-is-what-it-does-and-why-you-probably-dont-need-one/, 12.04.18.

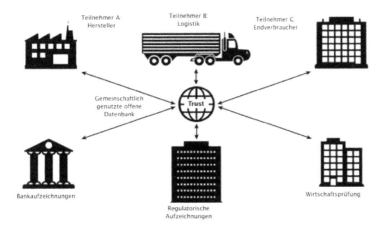

Abbildung 2: Intermediäres Netzwerk [2]

Um die Risiken und Probleme eines Intermediär zu umgehen und trotzdem die gleichen und sogar noch weitere Vorteile zu generieren, gibt es die Möglichkeit eine Blockchain zu nutzen.

Der Unterschied ist, dass z.b. beim traditionellen Zahlungsverkehr Finanzintermediäre zur Sicherstellung der Identität der Kontrahenten und für den reibungslosen Ablauf der Transaktion verantwortlich sind. Für die Sicherheit der Transaktion bei der Blockchain sorgt das gesamte Netzwerk.

Die dezentralisierte Lösung der Blockchain umgeht somit das Problem des Vertrauens zum Intermediär und schafft die Vorteile wie z.B. Transparenz. Wie in der Abbildung beschrieben, sieht nun jeder Teilnehmer in Echtzeit, wie weiter die Abwicklung der Daten sind und kann dementsprechend reagieren. Dies ist zeitsparend und kosteneffizient.

---

[2]Quelle:https://research.stlouisfed.org/publications/review/2018/02/13/blockchain-what-it-is-what-it-does-and-why-you-probably-dont-need-one/, 12.04.18.

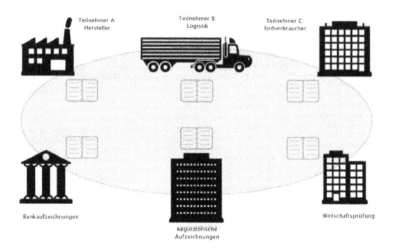

Abbildung 3: Blockchain Netzwerk [3]

2.3 Peer2Peer

Durch das dezentrale Netzwerk der Blockchain gibt es keinen Client-Server oder Intermediär mehr. Dies bedeutet, dass alle Computer gleichwertig[4] sein müssen. Das System ist damit robust gegen Ausfälle. Somit können auch keine Daten verloren gehen. Für diese Art von System ist eine Übereinstimmung, der geteilten Daten über Zustand und Aktualität jederzeit notwendig.

---

[3]Quelle:https://research.stlouisfed.org/publications/review/2018/02/13/blockchain-what-it-is-what-it-does-and-why-you-probably-dont-need-one/, 12.04.18.
[4]Englisch für „peer".

3 Funktionsweise

Die Blockchain wird verwendet um Daten[5] auszutauschen. Dieser Austausch wird Transaktion genannt. Diese wird in einem sogenannten Block zum Ausführen und Abwickeln an die dezentralen Teilnehmer im System geschickt. Die Teilnehmer validieren den Block durch das Lösen kryptographischer Rätsel. Dadurch wird der Block an die Blockchain hinzugefügt, somit ausgeführt und unveränderbar festgeschrieben. Jeder neu hinzugefügte Block erhält automatisch eine Referenz auf den zuvor hinzugefügten Block, dies macht die Blockchain unveränderbar. Es entsteht eine virtuelle Kette von Blöcken, die lückenlos alle gültigen Transaktionen enthält. Für das Validieren der Daten bekommt der Teilnehmer, der das Rätsel zuerst gelöst hat eine Belohnung.

3.1 Blockchain Typen

Es gibt drei verschiedene Typen der Blockchain.

1. Die Public Blockchain, welche dezentral und öffentlich zugänglich ist. Jeder Teilnehmer im System hat die gleichen Rechte und kann als Sender, Empfänger und Validierer der Daten dienen. Teilnehmer im System können sich mit jedem beliebigen Teilnehmer verbinden.
2. Die Hybrid Blockchain, ist für jeden frei zugänglich. Im System gibt es allerdings eine zentrale Autorität, welche zudem die Validierung reguliert.
3. Bei der Privat Blockchain, ist der Zugang sowie die Validierung durch die zentrale Autorität geregelt.

Die Einteilung in verschiedene Typen führt dazu, dass sich neue Möglichkeiten ergeben. Da bei der Public Blockchain jeder Teilnehmer die Daten lesen kann ist der Datentransfer nie geheim. Dies kann durch den eingeschränkten Zugang umgangen werden. Durch die eigene Auswahl der Validierer können z.B. Finanzinstitute die Verarbeitungszeit von Transaktionen innerhalb von Sekunden ausführen.

---

[5] Daten können z.B. Geld, Verträge oder Signaturen sein.

7

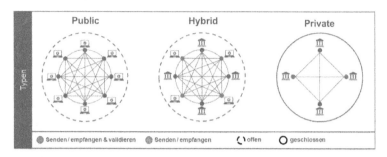

Abbildung 4: Blockchain Typen [6]

3.2 Auswahl einer Datenbank

Um herauszufinden, ob ein Unternehmen überhaupt eine Blockchain benötigt oder um die passende Datenbank zu finden, gibt es verschiedene Fragen. Diese sind in der dargestellten Übersicht beschrieben, beantwortet man die Fragen dementsprechend, wird die passende Datenbank vorgeschlagen.

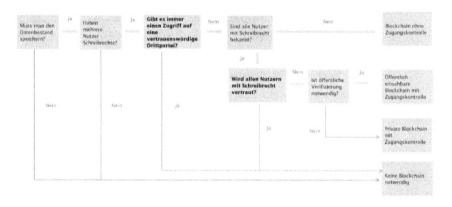

Abbildung 5: Auswahl einer Datenbank [7]

---

[6]Quelle:http://www.ccsourcing.news/blockchain-mehr-als-nur-ein-hype-eine-einfuehrung-in-die-blockchain/, 04.04.18.

[7]Vgl. Plazibat, Ante, Blockchain, mehr als nur ein Hype? – Eine Einführung in die Blockchain, 2016, o.S.

Eine Blockchain bietet sich immer dann an, wenn es mehrere Teilnehmer gibt, die an einer Transaktion oder dem Austausch von Daten beteiligt sind und der Schreibzugriff dezentral geführt werden soll. Zudem sollte Vertrauen zu den Teilnehmern bestehen, da bei öffentlichen Blockchains die Daten von allen Teilnehmern im System gelesen werden dürfen. Bei Privat Blockchains löst man dies durch Zugangskontrollen und Schreibrechtvergabe.

4 Mining

„Mining bezeichnet den Vorgang, bei dem Rechenleistung für die Blockchain zur Verfügung gestellt wird. Diese kann in Form von Transaktionsverarbeitung, Absicherung und Synchronisierung aller Nutzer im Netzwerk zur Verfügung gestellt werden."[8] Somit stellt das Mining ein dezentrales Rechenzentrum der Blockchain dar.

Hauptsächlich werden durch das Mining neue Blöcke erzeugt. Dies geschieht durch das Lösen mathematischer Rätsel, indem die Zahl gesucht wird, die den richtigen Hash[9] ergibt. Dadurch wird der Block validiert und an die Blockchain hinzugefügt. Es erfolgt eine sofortige Synchronisationsnachricht an alle Teilnehmer im System, dass es ein neues Teilstück hinzugefügt wurde. Bestätigen genügend andere Kopien, dass sie den neuen Block integriert haben, sind ab diesem Moment alle in diesem Block enthaltenen Daten gültig. Somit werden alle Blockchain automatisch aktualisiert und wieder auf den gleichen Stand gebracht. Durch das erfolgreiche Hinzufügen eines Blocks an seine Blockchain wird der Miner mit Kryptowährung belohnt. Nur so kann gewährleistet werden, dass der Wettbewerb zum Erstellen der Blöcke hoch gehalten wird. Somit findet gleichzeitig eine dezentrale Geldschöpfung statt. Im Blockchain-Netzwerk entfällt der größte Teil der Rechenleistung auf das Mining, da das Lösen der kryptographischen Aufgabe dem Proof-of-Work die größte Rechenleistung beansprucht. Dies stellt sicher, dass der Aufwand zum Erstellen eines Blocks hoch ist. Dadurch erhöht sich die Sicherheit der Blockchain, es wird so schwieriger und teurer das Netzwerk anzugreifen.

Da in Zukunft die Rechnerleistung steigen wird, muss das Mining immer schwieriger werden, damit nicht zu viel Kryptowährung auf einmal geschaffen wird.

4.1 Miner

Teilnehmer, die Mining betreiben, werden Miner genannt, diese benötigen neben einem leistungsfähigen Rechner eine spezielle Software, die die Verbindung des eigenen Computers mit dem Netzwerk ermöglicht. Die Software beinhaltet zwei Schlüssel, die für jede Transaktion benötigt werden.

---

[8] BTC-Echo (Hrsg.), Wie funktioniert Bitcoin-Mining?, o.J., o.S.
[9] Ein Hash ist eine Aneinanderreihung von Buchstaben und Zahlen.

Da die Miner weltweit verteilt sind und gleichzeitig versuchen den aktuellen Block zu erstellen, entsteht ein großer Konkurrenzkampf. Da nur der Teilnehmer, der es zuerst schafft das mathematische Rätsel zu lösen, die Blockchain erweitern darf. Da dieser Wettkampf sehr hohe Rechenleistung fordert und somit auch hohe Stromkosten verursacht, wird der Sieger belohnt. Diese Belohnung beinhaltet die Transaktionskosten des erstellten Blocks sowie in der Bitcoin-Blockchain Gratis-Bitcoins. Zu Beginn der Bitcoin-Blockchain gab es noch 50 BTC, diese Anzahl wird alle 210.000 Blocks halbiert, da die Bitcoin-Blockchain auf eine Menge von 21 Millionen begrenzt ist. Aktuell bekommt man 12,5 Bitcoins mit jedem neuem Block ausgezahlt. [10]

4.2 Hash

Die Blockchain startet mit einem programmierten Genesis-Block. Alle weiteren Blöcke werden anhand eines Hash errechnet. Ein Hash ist der Fingerabdruck eines Blocks. Er besteht aus einer Aneinanderreihung von Zahlen und Buchstaben, die durch einen Hash-Algorithmus erzeugt werden. Um beim Mining einen Hash zu erzeugen, benötigt man die Daten aus der Transaktion und Informationen des Hash im letzten Block der Blockchain. Ein Hash ist für die Blockchain unverzichtbar, dieser macht es unmöglich die Daten in einem Block zu verändern. Bei der Blockchain findet die Kryptographie des Hash-Baums statt. Dieser verhindert, dass die Hashwerte von Dritten verändert werden. Da sobald ein Wert des berechneten Hash verändert wird, sich automatisch ein anderer Hashwert ergibt. Ein Eingriff in dieses System würde die Rückberechnung sämtlicher Transaktionen erfordern, was als technisch unmöglich gilt. Zudem wird, sobald der Block erfolgreich an die Blockchain hinzugefügt wurde, automatisch jede Blockchain im System aktualisiert, sodass jeder Teilnehmer wieder die neueste Blockchain besitzt. Dies wird auch Single Point of Truth genannt.

---

[10]Vgl. Sixt, Elfriede, Bitcoins und andere dezentrale Transaktionssysteme, 2017, S. 41.

4.3 Transaktionen

Eine Transaktion in der Blockchain ist ein Austausch von Daten zwischen zwei Teilnehmern, welche durch asymmetrische Verschlüsselung geschützt wird. Um eine Transaktion tätigen zu können, benötigt man den öffentlichen Schlüssel, welcher für jeden Teilnehmer sichtbar ist und den privaten Schlüssel, der nur für jeden Teilnehmer selbst ersichtlich ist. Jede ausgeführte Transaktion wird mit der öffentlichen Signatur des Teilnehmers versehen, somit kann immer nachvollzogen werden, wer die Transaktion getätigt hat. Der private Schlüssel wird für die tatsächliche Transaktion im System benötigt.

Eine Transaktion ist dann durchgeführt, wenn die Miner diese als Block an die Blockchain hinzugefügt haben. Dieser Vorgang dauert bei der Bitcoin-Blockchain ca. 10 Minuten. Sobald dies geschehen ist, ist eine Rückabwicklung nicht mehr möglich.

5 Kryptowährung

Die Kryptowährung ist das digitale Geld, welches über die Blockchain transferiert werden kann. Der Begriff der Kryptowährung leitet sich von „Kryptographie" ab, was Verschlüsselung bedeutet.

Sie wurde erschaffen, weil der Erfinder eine Währung kreieren wollte, die keinem zentralen Organ unterliegt und kontrolliert wird. Der Handel mit der Währung kann komplett anonym erfolgen.

Die Währung wird im Mining Vorgang erstellt und ist auf eine maximale Herstellsumme beschränkt, bei der Bitcoin-Blockchain liegt die Beschränkung bei 21 Millionen Münzen. Eine Höchstgrenze ist notwendig, da laut Gesetz Geld nur von Zentralbanken grenzenlos hergestellt werden darf.

Hinter jeder Kryptowährung befindet sich eine eigene Blockchain. Dadurch entstanden seit Bekanntgabe des Codes der Blockchain hunderte verschiedene Kryptowährungen. Es ist zwar möglich, dass das zugrundeliegende Protokoll auf einer anderen Kryptowährung basiert, jedoch übt die zuvor existierende Kryptowährung nur die Vorlage. Somit können z.B. die Kryptowährungen Bitcoin Cash oder Litecoin unabhängig von Bitcoin, welches die Vorlage bildet, existieren.

Die jeweilige Währung der Blockchain ist lediglich online verfügbar und besitzt keinen intrinsischen Wert. Das bedeutet Besitzer der Kryptowährung müssen daran glauben, dass jemand bereit ist traditionelles Geld gegen die Onlinewährung einzutauschen. Die Kryptowährung kann in den jeweiligen Zahlungsstellen den „Wallets" gekauft, verkauft und gehandelt werden. Da man sich die Kryptowährung nicht direkt auszahlen kann, muss diese immer mit einem traditionellen Bankkonto verrechnet werden.

Online-Währungen werden auch als Geldanlage genutzt. Wie bei traditionellen Währungen oder Aktien unterliegen auch Kryptowährungen einem Kurs, welcher durch Angebot und Nachfrage gebildet wird. Dadurch ergeben sich Kursschwankungen. Seit Einführung der Kryptowährung Bitcoin ist der Kurs durch zunehmende Nachfrage exponentiell angestiegen. Bei einer Anlage in Kryptowährung handelt es sich um eine sehr spekulative Anlage mit extrem hohen Tagesvolatilitäten. Der erste Wechselkurs der Währung Bitcoin zum US-Dollar wurde im Oktober 2009 anhand der Strom- und

Hardwarekosten des Minings festgelegt. Der damalige Kurs lag bei 1309,09 BTC für 1 US-Dollar.[11] Der aktuelle Höchststand des BTC wurde am 17.12.2017 mit 19843,11 USD für 1 BTC erreicht.[12] Kryptowährungen werden von der EZB nicht als Währung anerkannt, sondern als Wertpapier. Somit sind Kryptowährungen regulierungspflichtig und Gewinne oder Verluste zu versteuern.

Die Akzeptanz von Kryptowährung als Zahlungsmittel findet immer mehr Anerkennung. Trotzdem gibt es kaum einen Händler, egal ob online oder offline, der dies als Zahlungsmittel anbietet.

„Damit Kryptowährungen jedoch von der breiten Öffentlichkeit genutzt werden, bedarf es noch:

- Sicherer und einfach zu bedienender Wallets.
- Einfach zu nutzende Kryptowährungs-Börsen, zu denen jeder Zugang hat.
- Unternehmen, die Kryptowährungen als Zahlungsmittel akzeptieren.
- Unternehmen, die ihre Rechnungen und ihre Angestellten in Kryptowährungen bezahlen."[13]

---

[11]Vgl. Sixt, Elfriede, Bitcoins und andere dezentrale Transaktionssysteme, 2017, S. 20.
[12]Quelle: https://www.finanzen.net/devisen/bitcoin-Dollar-kurs, 08.04.2018.
[13]Sixt, Elfriede, Bitcoins und andere dezentrale Transaktionssysteme, 2017, S. 141.

6 Blockchain 2.0

Auf Grundlage des frei verfügbaren Bitcoin-Quellcode ist es für jeden möglich, durch ein paar Änderungen am Quellcode, eigene Kryptowährungen, sogenannte Altcoins, zu kreieren. Mittlerweile gibt es hunderte verschiedene alternative Kryptowährungen. Dadurch, dass die Entwickler mit ihrer Währung aus der Masse herausstechen wollten, entwickelten diese die eigenen Blockchain Projekte mit einer anderen Ausstattung und mit anderen Extras. Da es durch diese Technologie möglich ist, mehr wie nur eine Währung zu implementieren. Diese Entwicklung erschuf die Blockchain 2.0. [14]

Ein bekanntes Beispiel ist die Kryptowährung Ethereum, diese bietet neben dem Abwickeln von Transaktionen auch eine Abwicklungsmöglichkeit von automatisierten Smart Contracts. Zudem können neue Kryptowährungen sowie Token über die Blockchain 2.0 erzeugt werden, dieser Vorgang wird auch Initial Coin Offering genannt.

6.1 Smart Contracts

Normale Verträge dienen dazu einen Nachweis, über vertraglich geregelte Ansprüche und Rechte zu rechtfertigen. Auf den Blockchain 2.0 Modellen ist ein Vertragsabschluss über Smart Contract möglich. Dies ist eine Software, die rechtlich relevante Handlungen, insbesondere einen tatsächlichen Leistungsaustausch, steuert, kontrolliert und dokumentiert. Dies geschieht in Abhängigkeit von digital prüfbaren Ereignissen, dies ist vergleichbar mit einer „If...then"-Bedingung, die man aus dem Programmieren kennt. Dadurch ist es in Echtzeit möglich, dass automatisch auf sich ändernde Ereignisse, reagiert wird und die Verträge trotzdem absolut rechtssicher sind. Mit Smart Contracts ist es möglich, dass dingliche und schuldrechtliche Verträge unabhängig von Zeit und Ort der Parteien geschlossen werden können. Der Vertragsabschluss wird auf der Blockchain über den Mining Prozess festgehalten. Alle Daten können in Echtzeit von allen Parteien eingesehen werden. Beim Vertragsabschluss, wie auch bei einer Transaktion, auf eine dritte Instanz wie z.B. auf einen Notar, verzichtet werden. Da allerdings die Technologie noch relativ neu ist, gibt es in Deutschland noch keine klare rechtliche Grundlage für geschlossene Verträge über eine Blockchain. Dies sollte sich

---

[14]Vgl. The Coinspondent, Die Dritte Welle – Die Ära der Bitcoin-Klone, 2017, o.S.

allerdings bald ändern, da diese Technologie jegliche Art des Vertragsabschlusses revolutioniert. Dadurch könnten z.b. Wahlen absolut sicher online abgehalten werden.

6.2 Token und Kryptoschöpfung

Token sind reine Online-Vermögenswerte. Diese können nur auf Basis einer Kryptowährung existieren.[15] Im Gegensatz zur Kryptowährung wird für Token keine neue Infrastruktur mit eigenen Nodes und Minern benötigt. Diese können auf der Blockchain 2.0 erzeugt werden und dienen meist als Finanzierungsmittel für weitere Blockchain bezogene Projekte eines Start-up Unternehmens. Token können genau wie Kryptowährung gehandelt werden und bilden den jeweiligen Preis über Angebot und Nachfrage.

Durch die zunehmende Popularität und leichte Möglichkeit Online-Währungen zu erstellen, gibt es mittlerweile hunderte verschiedene Währungen. Ein aktueller Auszug der gesamten Marktkapitalisierung der Online-Währungen zeigt, dass bereits 22% Marktanteil[16] unbekannte Währungen ausmachen und diese stetig zunehmen. Auch lässt sich ablesen, dass die bekannteste Kryptowährung Bitcoin in diesem Zusammenhang an Marktkapitalisierung verliert.

---

[15]Vgl. Decentralbox (Hrsg.), Was sind Token?, 2017, o.S.
[16]Vgl. Abbildung 6 Marktkapitalisierungsanteil Kryptowährungen.

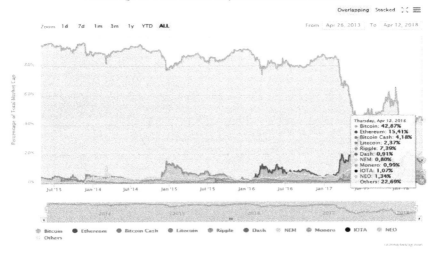

Abbildung 6: Marktkapitalisierungsanteil Kryptowährungen [17]

Durch die extreme Zunahme der Online-Währungen ist die Marktkapitalisierung in USD bereits bei 271 Mrd.. An diesen Zahlen sind vor allem die exponentiellen Kursanstiegen der Kryptowährungen im Jahr 2017 verantwortlich. Zu den Höchstständen im Januar 2018 lag die gesamte Marktkapitalisierung bei über 750 Mrd. USD.

Aufgrund der hohen Marktkapitalisierung kann davon ausgegangen werden, dass das Thema Kryptowährungen eine nachhaltige Zukunft haben wird.

---

[17] Quelle: https://coinmarketcap.com/charts/, 12.04.18.

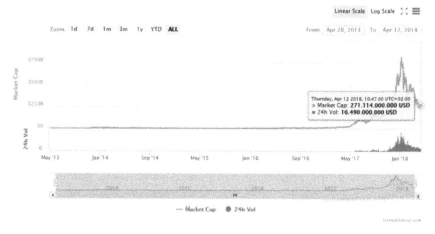

Abbildung 7: Marktkapitalisierung in USD Kryptowährungen [18]

---

[18]Quelle: https://coinmarketcap.com/charts/, 12.04.18.

7 Anwendungsbeispiele der Blockchain

7.1 Finanzsektor

Die Deutsch Bank arbeitet mit anderen Geldhäusern an einer eigenen Digitalwährung, dem United Settlement Coin (USC). Der Unterschied zu anderen Digitalwährungen wie z.b. dem Bitcoin liegt daran, dass der USC mit echtem Geld auf den Zentralbankkonten der beteiligten Institute gedeckt werden soll. Jeder USC soll im Verhältnis 1:1 in einen normalen Euro umgetauscht werden.

Ein weiteres Ziel liegt daran den USC in Handelsplattformen wie z.b. We Trade oder Batavia zu integrieren. Dies sind neue Blockchain basierte Lieferantensysteme, die bereits von Audi getestet werden, bei den der Abschluss der Eingangskontrolle für eine Warenbestellung automatisch mit deren Bezahlung verknüpft ist. Lediglich das Bezahlen muss noch manuell per Überweisung getätigt werden. Dort soll dann der USC genutzt werden.

Die LBBW hat bereits mit dem Autobauer Daimler AG sowie der Telefónica Deutschland AG die Blockchain Technologie erfolgreich eingesetzt. Die Technologie wurde im Zusammenhang mit Schuldscheindarlehen als Finanztransaktion auf einer Blockchain 2.0 abgebildet. Alle Daten in diesem Zusammenhang werden über diese Blockchain abgewickelt. Es hat sich bereits gezeigt, dass über diese Abwicklung viel Zeit und Aufwand eingespart werden konnte, da viele Prozesse und Arbeitsschritte automatisiert werden konnten. Besonders durch den Vorteil der Smart Contracts, konnte viel Zeit im Vergleich zum Faxen eingespart werden. Durch die aktuelle rechtliche Unklarheit bleiben allerdings noch Fragen offen, so wird aktuell parallel mit dem traditionellen Vertragsabschluss sowie dem Verfahren über die Blockchain gearbeitet.

7.2 Industrie 4.0

Die Blockchain könnte auch im Zusammenhang mit der Industrie 4.0 eine größere Rolle spielen. Ein Beispiel wären die Lieferketten, welche durch die Technologie verbessert werden könnten, dadurch könnte Zeit und Geld eingespart werden. Ein aktuelles Beispiel ist die Telekom, die mit dem Rotterdamer Hafen testet, wie Informationen aus Produktionsprozessen hinterlegt werden können, wie z.B. bei der Transportüberwachung. So könnte die Spedition direkt einsehen, wann das Schiff ankommt und so in Echtzeit planen, wann der LKW vor Ort sein müsste. Dies vermeidet Wartezeiten und somit Kosten. Diese Echtzeitplanung ist zwar schon teilweise mit anderen Technologien möglich, allerdings haben nicht immer alle Teilnehmer Zugriff auf die Daten. Dieses Problem, sowie das aufwändige Verfahren der Frachtpapiere wäre mit der Blockchain und den Smart Contracts gelöst.[19]

7.3 Vertragsabschluss

In den USA finden sogar bereits Trauungen über die Blockchain statt. So müssen beide Ehepartner sich nicht mehr am gleichen Ort befinden. Es wird lediglich ein QR-Code eingescannt und dadurch ein Vertrag geschlossen. Dieser wird juristisch sicher über die Blockchain-Datenbank hinterlegt.[20]

7.4 Immobilienbranche

Durch Transaktion der Immobilie per Smart Contract könnte auch die Immobilienbranche von der Blockchain Technologie profitieren. Dadurch könnten die Intermediären wie Makler, Notare und staatliche Institutionen wegfallen. Dies führt dazu, dass z.B. Kosten für Grundbucheintragungen, Notarkosten und zeitliche Opportunitätskosten eingespart werden können.

Auch das Vermieten einer Immobilie könnte über die Blockchain abgewickelt werden. Die Verträge könnten sicher ausgetauscht, unterzeichnet und hinterlegt werden. Zudem wird die Kaution dort in einem sicheren Konto hinterlegt und das Mietkonto über Smart Contracts automatisch monatlich für Miet- und Instandhaltungskosten belastet. Nach Beendigung des Mietverhältnisses wird die Kaution vom Vermieter wieder sicher zurückgezahlt.

7.5 Blockchain-Phone

Der Hersteller HTC nutzt die Blockchain-Technologie um ein Blockchain basiertes Handy auf den Markt zu bringen. Von dem Handy mit dem Namen Exodus sollen 100 Millionen Exemplare hergestellt werden, jedes einzelne Telefon soll einen dezentralen

---

[19]Vgl.LBBW (Hrsg.), Blockchain nimmt auch in Deutschland Fahrt auf, 2018, o.S.
[20]Vgl. Rentrop, Christian, Was ist ein Smart Contract?, 2017, o.S.

Knotenpunkte im System darstellen. Somit ist das Handy dApp[21] fähig, welches zudem ein Kryptowallet enthält um einfach Kryptowährungen über das Handy zu handeln und damit zu bezahlen.[22]

7.6 Blockchain-Projekt Cashback unlimited

Das Start-up Unternehmen repay.me FL GmbH hat als Vision ein Cashback-System mit der Grundlage der Blockchain-Technologie zu entwickeln, welches dem Kunden bis zu 100 Prozent Cashback ermöglichen soll. Dies geschieht indem der Kunde die Gewinne durch den Verkauf aus seinen Einkaufsdaten direkt in Anspruch nehmen kann. Das Unternehmen gibt als Investitionsmöglichkeit Coins aus, welche später zum Zahlen verwendet werden können oder wieder in Euro gewechselt werden können. [23]

---

[21]DApp bedeutet dezentrale Apps, diese sind Blockchain bezogen.
[22]Vgl. HTC (Hrsg.), Exodus, 2018, o.S.
[23]Vgl. repay.me FL GmbH (Hrsg.) Cashback unlimited, 2018, o.S.

8 Vorteile Blockchain

8.1 Transaktionen

Durch den Wegfall des Intermediär, können Transaktionen deutlich schneller abgewickelt werden. Jede Blockchain kann selbst vorgeben, wie schnell ein Block an die vorhandene Blockchain angekettet werden darf. Dadurch dauern in Privat Blockchains Transaktionen nur wenige Sekunden, selbst Bitcoin Transaktionen dauern nur ca. 10 Minuten. Die exakte Dauer des Vorgangs hängt dabei von der Größe des Betrags, der für die Miner bereitgestellten Transaktionskostenbeteiligung und der zu dem jeweiligen Zeitpunkt bestehenden Auslastung des Netzwerks ab. [24] Transaktionen über die Blockchain sind ohne zeitliche Einschränkungen, wie z.b. das Wochenende, jederzeit möglich. Zudem ist die Transaktion sobald diese an die Blockchain geketet wurde, absolut unveränderbar.

8.2 Anonymität

In der Public Blockchain werden nur die kryptografischen Schlüssel und nicht die Namen der Nutzer angezeigt. Zudem kann ein Nutzer z.b. in der Bitcoin Blockchain beliebig viele kryptologische Schlüssel erstellen und für jede Überweisung einen neuen verwenden, sodass es praktisch unmöglich gemacht werden kann, alle Transaktionen einer Person nachzuverfolgen. [25] Dadurch ist die Sicherheit der persönlichen Daten im Zahlungsverkehr gewährleistet.

8.3 Kryptowährung

Online Währungen sind dezentral geführt, somit unterliegen diese keinem Staat oder einer Regierung. Dies ermöglicht eine Absicherung vor Inflation und gegen Wirtschaftskrisen.

Zudem unterliegen die Onlinewährungen hohen Volatilitäten, dies kann zu einem exponentiellen Kursanstieg führen, welches uns der Bitcoin-Boom bestätigt, da Anleger gute Rendite Möglichkeiten suchen.

---

[24]Vgl. Dr. Zimmermann, Guido, Chancen und Risiken des Bitcoins, 2015, S. 7.
[25]Vgl. Dr. Zimmermann, Guido, Chancen und Risiken des Bitcoins, 2015, S. 7.

8.4 Dezentral

Durch das Peer2Peer Netzwerk und die gleiche Wichtigkeit der Teilnehmer im System ist sichergestellt, dass das Netzwerk immer funktionstüchtig ist. Selbst wenn es zu Schocks oder Ausfällen von Teilen des Netzwerks kommen sollte. Dadurch ist zudem gewährleistet, dass Daten nie verloren gehen können und jederzeit transparent sind.

8.5 SmartContracts

Über die Blockchain 2.0 Technologie lassen sich so unabhängig von Zeit und Ort, Verträge rechtssicher ohne Papier und sofort abschließen. Dies kann zudem durch die gegebene Programmierbarkeit komplett automatisiert geschehen.

9 Probleme und Gefahren der Blockchain

9.1 Stromverbrauch

„Das Blockchainsystem benötigt immense Rechner- und Energieleistung. Projektionen für das Jahr 2030 zeigen, dass die zunehmende Verwendung der Blockchain zu einem gigantischen Anstieg des Energieverbrauchs führen würde, da die Miner ja mehr Rechnerleistung benötigen. Der jährliche Energiekonsum der Miner allein würde das heutige Weltenergieangebot 2014 um rund 14 Prozent übersteigen."[26]Daher sind schon heute viele Minig-Pools in kälteren Ländern, bei dem die Rechner weniger Kühlleistung benötigen.

9.2 Rechtliche Unklarheiten

Aktuell gibt es noch Probleme mit den Smart Contracts, wie im Beispiel der LBBW Schuldscheintransaktion erwähnt, da es aufgrund rechtlicher Unklarheiten und Einschränkungen noch nicht zur vollen Nutzung der Smart Contracts kommen kann. Grund dafür ist, dass es noch keine optimale Lösung gibt, sich über die Blockchain rechtssicher zu identifizieren und somit Verträge rechtliche Gültigkeit besitzen. [27] Bei Public Blockchains ist zudem nicht klar, wer die Miner reguliert und wer für Fehler im Code oder Lücken haftbar gemacht werden kann. Diese Probleme können nur durch gesetzliche Anpassungen behoben werden.

9.3 Kryptowährung

Bei Kryptowährung besteht ein Diebstahlrisiko, einer der größten Fälle war der des Börsenbetreibers Mt. Gox, bei dem (Stand 2014) Bitcoins im Wert von 370 Mio. USD gestohlen wurden. Bis heute gab es noch mehrere solcher Vorfälle.[28]

Die bereits thematisierte Anonymität, die mit der Nutzung von Kryptowährungen einhergeht, bringt für Privatnutzer Vorteile, für Aufsichtsbehörden ist damit hingegen ein schwerwiegendes Risiko verbunden, da die virtuelle Währung so einfacher für kriminelle Zwecke wie z.B. Geldwäsche genutzt werden kann. Ein Beispiel hierfür ist der Fall Silk

---

[26]Dr. Zimmermann, Guido, Durchblick schaffen. Die Blockchain darf keine Black Box bleiben!, 2018, S. 8.
[27]Vgl. LBBW (Hrsg.), Blockchain nimmt auch in Deutschland Fahrt auf, 2018, o.S.
[28]Vgl. Sixt, Elfriede, Bitcoins und andere dezentrale Transaktionssysteme, 2017, S. 93.

Road. Dies war ein Onlineportal für diverse kriminelle Aktivitäten, welche über Kryptowährungen abgerechnet wurden.[29]

9.4 Mining Pools und 51% Angriff

„Die Blockchain ist nur bei einer großen Anzahl von Minern sicher. Im Jahr 2016 machten 19 Mining Pools 98,8% des gesamten Marktes für Mining Dienste aus. Die größten 4 Miner hatten zusammen einen Marktanteil von 56,7% am Gesamtmarkt. Ein unregulierter Oligopolmarkt für Mining Dienste könnte Anreize zur Manipulation der Blockchain geben."[30]

Die Blockchain ist dann in Gefahr einer 51%-Attacke, wenn ein Angreifer über 50% aller Miner verfügt. Dadurch könnte der Angreifer Transaktionen zu seinem Vorteil verändern oder Transaktionen ganz verhindern, indem er die Bestätigungen verweigert.

Um diese Macht eines Einzelnen zu verhindern, ist auf Blockchain.info zu erkennen, welche Blocks aktuell von welchen Mining-Pools gefunden wurden. Dadurch erkennt man eine mögliche Dominanz eines Miners oder Mining-Pools.[31]

---

[29]Vgl. Dr. Zimmermann, Guido, Wenn es aussieht wie eine Blase, ist es dann eine?, 2018, S. 13.
[30]Dr. Zimmermann, Guido, Die Blockchain darf keine Black Box bleiben, 2017, S. 8.
[31]Vgl. Weipprecht, Alexander, Was ist eine 51%-Attacke?, 2018, o.S.

10 Schluss

Die Ausarbeitung wurde eingeleitet mit einer grundlegenden Erklärung der Blockchain-Technologie. Hierauf wurde das Verständnis geschaffen, warum diese Technologie existiert. Es wurde ein Vergleich zur aktuellen Situation dargelegt um zu verstehen, wie sich diese zur heutigen Technologie unterscheidet. Weitere Aspekte und Bereiche, die im Zusammenhang der Blockchain stehen wurden genauer erläutert. Dies wurde für das weitere Verständnis bezüglich der Funktionsweise dieser neuen Technologie benötigt. Hierbei wurde für ein vereinfachtes Verständnis eine allgemeine Funktionsweise beschrieben, welche mit den weiteren Unterpunkten detaillierter Beschrieben wurde. Somit wurde die Funktionsweise der Blockchain in verständlicher logischer Abfolge herangetragen. Durch dieses Verständnis konnten abschließend die Herausforderungen mit transparenten Beispielen erläutert werden und passende Lösungen aufgezeigt werden.

Zusammenfassend kann nun bestätigt werden, dass die Blockchain-Technologie jeden Bereich betreffen kann. Grund dafür sind die verschiedenen Blockchain-Typen und Anwendungen, da durch diese geregelt werden kann, welche Zugriffsrechte an die jeweiligen Teilnehmer vergeben werden und wie die Blockchain durch z.B. Smart Contracts ausgeprägt ist. Durch den frei verfügbaren Quellcode kann zudem eine eigene individuelle angepasste Blockchain programmiert werden.

Da diese Semesterarbeit auf das grundsätzliche Verständnis für die neue Technologie ausgelegt ist, wurden die jeweiligen Bereiche für das leichte Verständnis geschrieben und nicht für Fachkräfte. Zudem gibt es aktuell noch keine transparenten Daten, welche monetären und nicht monetären Werte durch die Blockchain im Vergleich zur heutigen Technik im Unternehmen eingespart werden kann. In diesen Bereichen könnte die Thematik noch weiter ausgearbeitet werden.

Literaturverzeichnis

Andolfatto, David (2018): Blockchain: What Is, What It Does, and Why You Probably Don´t Need One, URL: https://research.stlouisfed.org/publications/review/2018/02/13/blockchain-what-it-is-what-it-does-and-why-you-probably-dont-need-one/ (08.04.2018)

BTC-Echo (Hrsg.) (2018): Wie funktioniert Bitcoin-Mining?, URL: https://www.btc-echo.de/tutorial/wie-kann-ich-bitcoins-minen/ (05.04.2018)

CoinMarketCap (2018): Global Charts, URL: https://coinmarketcap.com/charts/ (12.04.2018)

Decentralbox (Hrsg.) (2017): Was sind Token?, URL https://decentralbox.com/was-sind-token/#token (08.04.2018)

Finanzen.net (2018) : Bitcoin-Dollar, URL: https://www.finanzen.net/devisen/bitcoin-Dollar-kurs (08.04.2018)

Horch, Phillip (2018): Difficulty: Warum ist Bitcoin-Mining so kompliziert?, URL: https://www.btc-echo.de/difficulty-warum-ist-bitcoin-mining-so-kompliziert/ (24.02.2018)

HTC (Hrsg.) (2018): Exodus, URL: https://www.htcexodus.com/ (20.05.2018)

LBBW (Hrsg.) (2018): Blockchain nimmt auch in Deutschland Fahrt auf, URL: https://www.lbbw.de/dehub/artikelseite/artikel_detailseite_59520.html (08.04.2018)

Plazibat, Ante (2016): Blockchain, mehr als nur ein Hype? – Eine Einführung in die Blockchain, URL: http://www.ccsourcing.news/blockchain-mehr-als-nur-ein-hype-eine-einfuehrung-in-die-blockchain/ (08.05.2018)

Rentrop, Christian (2017): Was ist ein Smart Contract?, URL: https://www.dev-insider.de/was-ist-ein-smart-contract-a-585679/ (08.04.2018)

Repay.me FL GmbH (Hrsg.) (2018): Cashback unlimited, URL: http://www.do-repay.me (20.05.2018)

Sixt, Elfriede: Bitcoins und andere dezentrale Transaktionssysteme, Blockchains als Basis einer Kryptoökonomie, Springer Fachmedien Wiesbaden GmbH, 2017

The Coinspondent (Hrsg.) (2017): Die Dritte Welle – Die Ära der Bitcoin-Klone, URL: https://coinspondent.de/tag/blockchain-2-0/ (05.04.2018)

Weipprecht, Alexander (2018): Was ist eine 51%-Attacke?, URL: https://www.krypto-magazin.de/was-ist-eine-51-attacke/ (05.04.2018.)

Zimmermann Dr., Guido (2015): Chancen und Risiken des Bitcoins, URL: https://www.lbbw.de/mm/media/research/downloads_research/blickpunkt/2015_2/LBBW _Blickpunkt_Chancen_und_Risiken_von_Bitcoin.pdf (05.04.2018)

Zimmermann Dr., Guido (2017): Durchblick schaffen. Die Blockchain darf keine Black Box bleiben!, URL: https://www.lbbw.de/mm/media/research/downloads_research/blickpunkt/2017_1/20170 817_LBBW_Research_Blickpunkt_Die_Blockchain_darf keine Black_Box_bleiben.pdf (05.04.2018)

Zimmermann Dr., Guido (2017): Wenn es aussieht wie eine Blase, ist es dann eine?, URL: https://www.lbbw.de/mm/media/research/downloads_research/blickpunkt/2017_1/20171 213_LBBW_Research_Blickpunkt_Bitcoin.pdf (08.04.2018)